südwest

Norbert Pautner

Kraft durch Kreativmandalas

Mandalas mit tibetischen Motiven selbst gestalten

Impressum

Satz, Layout & Umschlaggestaltung: Norbert Pautner, Berlin
Projektleitung: Sven Beier
Redaktionsleitung: Karin Stuhldreier
Korrektorat: Alexandra Steiner

Bildnachweis
S. 6: Corbis/Alison Wright
S. 7: Corbis/Reuters
S. 8: Corbis/Kazuyoshi Nomachi
S. 9: Corbis/Geray Sweeney
S. 6, 13–24: Katy Otto, Berlin
Umschlagfoto, Illustrationen: Norbert Pautner
Herstellungskoordination: Elke Cramer

Druck und Bindung: Anpak Printing, Hongkong

Printed in China

ISBN: 978-3-517-08457-2

817 2635 4453 6271

inhalt

Beispiel eines »persönlichen« Mandalas: im Zentrum der alles stützende Doppelvajra (s. S. 40), umgeben von Medizin, Lehrbuch, Denkmal (Stupa) und Gefäß (Nektar). Die Motive stützen den Vorsatz, über eine gesündere, weniger hektische Lebensführung nachzudenken. Die Farben sollen gleichermaßen Ruhe und Kraft vermitteln. Die Erstellung des Bildes mit Hilfe der Schablonen, die diesem Buch beiliegen, können Sie ab Seite 14 verfolgen.

Einleitung

Das Ausmalen von Mandalas ist keine Beschäftigung nur für Kinder, es ist im Gegenteil eine äußerst »erwachsene« Angelegenheit, die für viele Menschen schon längst mehr als nur ein entspannendes Hobby ist. Der kreative, aber auch Regeln folgende Umgang mit Form und Farbe lässt uns nämlich für eine begrenzte Zeit im hektischen und stressigen Strom der Zeit innehalten und neue Kraft schöpfen.

Dieses Buch will Ihnen – zusammen mit den beiliegenden Schablonen – Anregung, Hilfe und Begleiter sein, um Ihre ganz persönlichen Mandalas nicht nur auszumalen, sondern von Anfang an selbst zu gestalten – mit Motiven und Mustern, die Sie selbst auswählen, basierend auf der Formen- und Symbolsprache der tibetischen Bildkunst.

Tibetische Mandalas

Das Sanskritwort »Mandala« bedeutet zunächst einmal nur »Kreis«. Und das beschreibt auch schon das wesentliche formale Merkmal eines Mandalas, das seinen Ursprung im tantrischen Buddhismus Tibets hat – auch wenn wir den Begriff mittlerweile für Kreisbilder mit wiederkehrenden Mustern verwenden.

Im tibetischen Buddhismus ist das Mandala erst einmal Meditationsbild. Der Betrachter nähert sich dem Zentrum eines Mandalas von außen nach innen, Stufe für Stufe versucht er, sich philosophisch-religiöse Aspekte und Prinzipien zu visualisieren. Er durchschreitet Zone um Zone (in der Regel Feuer-, Diamant- und Lotossegment, dann die Palasttore), bis er schließlich zur Wesenheit (meist einem Buddha) im Kern des Mandalas vordringt.

Ein »klassisches« Mandala ist dabei nach den fast immergleichen strengen geometrischen Regeln konstruiert, im Prinzip stellt es die Aufsicht auf den Grundriss eines Palastes (als Symbol für den Weltenberg Meru) dar. Der Weg ins Zentrum ist also auch so etwas wie ein Erklimmen, die dritte Dimension muss bei der Annäherung an die Mitte imaginiert werden.

Der erste Schritt bei der Entstehung eines Mandalas ist die geometrische, mathematisch exakte Vorzeichnung. Sie nimmt – wie die spätere Ausgestaltung mit Formen und Farben – ihren Ursprung

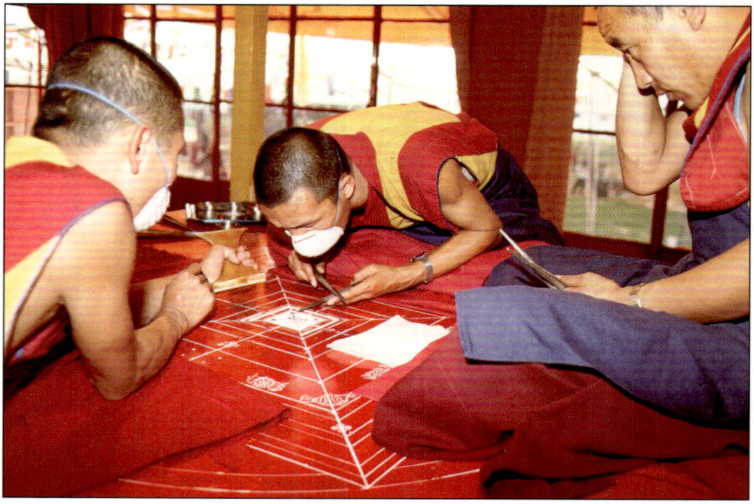

Die großflächigen Mandalas werden über einer präzisen, detaillierten geometrischen Vorzeichnung angelegt.

im (geweihten) Mittelpunkt des Bildes. Jetzt arbeiten sich vier oder mehr Mönche, die dafür eine mehrjährige Ausbildung erhalten haben, vom Zentrum des Bildes zum Rand vor, in dem sie Farbflächen, Ornamente und Motive zeichnen und kolorieren. Da das Malen eines Mandalas nicht nur ein künstlerisches, sondern auch ein religiöses Unterfangen ist, muss sichergestellt sein, das kein Segment des Mandalas schneller vervollständigt wird als die anderen.

Das Auftragen des farbigen Sandes mit dem Schlagtrichter erfordert große Konzentration.

Ein Mandala wird traditionell in vier Segmente geteilt. Sie entsprechen den Himmelsrichtungen, in die das Mandala auch ausgerichtet wird. Auf einem Thangka, einem Rollbild, kommt der Westen mit der beherrschenden Farbe Rot oben zu liegen, die anderen Farben reihen sich sinnfällig an. Dabei ist der Osten üblicherweise blau, kann aber gelegentlich auch weiß gefärbt sein.

Wird das Mandala als Thangka gemalt, wird das Rollbild anschließend im Tempel bzw. Kloster verwahrt. Wird es aber als Sandbild ausgeführt, so folgt nach einer Zeit der Anbetung und Betrachtung durch Mönche und Gläubige die Zeremonie der Zerstörung: Das in Tagen oder Wochen entstandene Mandala wird zusammengekehrt und in einem nahen fließenden Gewässer wieder in den Kreislauf der Natur zurückgegeben.

Viele Mönche arbeiten gleichzeitig an der Vollendung eines großformatigen Sand-Mandalas. Der Detailreichtum eines solchen Mandalas stellt dabei auch die mönchische Geduld auf die Probe.

Kraft durch Kreativität

Wir können selbst mit aller Muße, Talent und Hingabe nicht versuchen, es den buddhistischen Mönchen gleichzutun: Weder haben wir so unendlich viel Zeit und Geduld, noch verfügen wir über die ikonometrischen und ikonografischen Kenntnisse, die ein Kultbild erst »wirkkräftig« machen. Doch wir können mit den Formen und Farben der ursprünglichen Mandalakunst Bilder schaffen, die uns zu innerer Ruhe und Kraft verhelfen.

Statt uns meditativ mit transzendenten Bodhisattvas zu vereinen, über deren mannigfaltige Aspekte wir so gut wie nichts wissen, können wir uns kontemplativ auf Symbole konzentrieren, die für Aspekte unseres Alltagslebens, unsere kleinen und größeren Sorgen stehen. Und die uns helfen, Klarheit über Fragen und Antworten, die uns beschäftigen, zu erhalten. Ein kleines Lexikon dieser Symbole finden Sie ab Seite 30, die Motive selbst lassen sich mit den beiliegenden Schablonen vorzeichnen. Dazu benötigen Sie ein wenig Übung und lediglich eine ruhige Hand. Wählen Sie in Ruhe und mit Bedacht die Symbole aus, die Ihnen zusagen. Wägen Sie dabei auch ab, ob für Sie eher deren buddhistische Bedeutung

Für die Gestaltung werden auch reliefartige Strukturen und die unterschiedliche Körnung des Sandes genutzt.

oder eine Ihnen vertraute, eher abendländische Symbolik im Vordergrund steht. Sie werden feststellen, dass einige Symbole ähnliche oder gleiche Bedeutungen haben – so können Sie entscheiden, ob Sie bestimmte Aspekte in Ihrem Mandala eher verstärken oder unbetont lassen wollen. Begeben Sie sich also mit Ihrem individuellen Mandala Schritt für Schritt auf den Weg zu Ihrer eigenen Mitte.

Farben auswählen und einsetzen

Die Umrisse eines Mandalas geben nicht nur den Farbflächen Halt, sie sind auch die Grenzen der Aspekte, die unseren Geist beschäftigen. Sie gilt es nun mit Leben, sprich: mit Farbe zu füllen.

Die »klassischen« Farben auf einen Blick: Rot (Westen), Grün (Norden), Weiß (Zentrum), Blau (Osten) und Gelb (Süden). Residiert im Mittelfeld eines Mandalas der (blaue) Buddha Samantabhadra, wird dem Osten die Farbe Weiß zugeordnet. Wichtig: In der tibetischen Ausrichtung der Windrose liegt der Westen oben.

Um bei der Verwendung der traditionellen Farbwelt nicht zu eingeschränkt zu sein, kann man neben den klassischen Farben auch die verwandten Farbtöne Orange, Rosa, (Blau-) Schwarz, Hellgrün und Türkis verwenden. Die Gesamtwirkung bleibt so nach wie vor »tibetisch«.

Farben sind Musik für die Augen, sie berühren uns unmittelbar emotional, noch bevor wir sie mit dem Verstand erfassen. Das sollten Sie in jedem Fall bedenken, bevor Sie »Ihre« Farben nach rein theoretischen Überlegungen auswählen. Natürlich haben Farben ihre eigene Symbolik, doch sie besitzen auch »archaische« Eigenschaften, sie sind beispielsweise kalt, warm, trist, leuchtend, schwach oder kräftig.

Die Farbsymbolik des Buddhismus ist schnell erklärt: Sie beschränkt sich im Wesentlichen auf fünf Farben: Rot, Grün, Gelb, Weiß und Blau. Dies sind die Farben der fünf Himmelsrichtungen (das Zentrum zählt dazu), ihre Bedeutung bekommen sie durch die in den entsprechenden Weltgegenden residierenden Buddhas, die ab Seite 30 näher beschrieben werden.

Da wir im westlichen Kulturkreis leben, kommen wir nicht umhin, auch die christliche Farbsymbolik zumindest in Ansätzen zu berücksichtigen, denn wir sind vom abendländischen Kulturkreis seit Kindertagen durchdrungen, ob wir nun regelmäßige Kirchgänger sind oder nicht. Denn das Rot die Farbe der Liebe ist oder dass jemand »gelb vor Neid« wird, haben Sie doch sicher auch schon mal gehört, oder nicht?

Mit Farben können Sie nicht nur Stimmungen ausdrücken, mit ihnen lässt sich ein Bild auch gliedern und ordnen. Überlegen Sie, welche Farben Sie dominant oder eher als Akzent einsetzen. Und welche Strukturen schaffen Sie durch sich wiederholende Farben? Ich empfehle Ihnen, sich mit der Zeit einen eigenen individuellen Farbenkompass zu notieren, basierend auf Ihren Erfahrungen, die Sie beim Malen und Betrachten sammeln. Dabei wünsche ich Ihnen Entspannung und Vergnügen.

Kurzer Überblick über die christliche Farbsymbolik

Weiß: Unschuld, Licht, absolute Wahrheit; früher auch: Tod

Grün: Hoffnung, Erde, Mitte, Menschlichkeit, Auferstehung

Rot: Feuer, Liebe, Macht, Blut, Opfer (Christi)

Violett: Besonnenheit, Gleichgewicht, Vereinigung der Pole, Buße

Blau: Immateriell, Leere, Luft, Wahrheit, Wasser, Treue

Schwarz: Finsternis, Nacht, Tod, Nichts, Verzicht, Demut

Gelb: Blendung, Sonne, Ewigkeit, Gold, Neid

Braun: Herbst, Erdboden, Traurigkeit, Demut, Armut

Mandalas zeichnen

Das meiste, was Sie benötigen, um Mandalas zu gestalten, haben Sie zu Hause. Wenn Sie Ihre Zeit ohnehin schon ab und zu mit einem kreativen Hobby verbringen, besitzen Sie bestimmt Papier, Stifte, Pinsel und Farben. Und mit den Schablonen dieses Buches haben Sie dann alles zur Hand, um die Mandalas stimmig und attraktiv zu gestalten. Wie das genau funktioniert, zeigt dieses Kapitel Schritt für Schritt.

Außer den dem Buch beiliegenden Schablonen benötigen Sie Ihr alltägliches Zeichenmaterial: Papier (am besten dickes Aquarellpapier), einen feinen Druckbleistift oder zumindest einen harten Bleistift (behält eine feine Spitze), Feder und Tusche (z. B. Scribtol) alternativ einen wasserfesten Filzstift, Pinsel, Farben (Aquarellfarben oder Gouache, Buntstifte), etwas zum Fixieren der Schablonen (Reißzwecken, Klammern, Klebeband) sowie einen Radiergummi und ein Lineal.

Mit einer Skizze lassen sich Ideen für Motive und Farben festhalten.

Vorbereitungen

Wenn Sie Ihrem Mandala eine bestimmte Aussage oder Richtung geben wollen, empfiehlt es sich, das Bild mit Hilfe einer Skizze zu planen. Dann fällt es Ihnen anschließend leichter, die passenden Schablonen auszuwählen.

Der erste Schritt: Der Rahmen muss auf dem Papier fixiert werden. Das kann mit Pinnadeln (im Rahmen sind Löcher dafür vorgesehen), Klemmen oder einfach mit Klebestreifen geschehen.

Für die Anlage des eigentlichen Mandalas nicht erforderlich, aber hilfreich, falls der Rahmen mal verrutscht: Die Innenseiten des Achtecks werden als Hilfslinien nachgezogen.

Im Rahmen markieren kleine Kerben die Mitte der jeweiligen Seite. Zeichnen Sie diese an, sie dienen später dazu, weitere Hilfslinien zu ziehen.

Markieren Sie auch die rechten Winkel in den Ecken des Rahmens. Sie werden später zum quadratischen Rand des Mandalas verbunden.

Die geometrischen Formen

Die drei achteckigen Schablonen dienen dazu, das spätere Mandala räumlich zu gliedern und verschieden geformte Felder geometrisch exakt zu platzieren. Sie werden innen am Rahmen passgenau angelegt. Durch Drehen um 45 bzw. 90 Grad vervollständigt sich das Bild Zug um Zug.

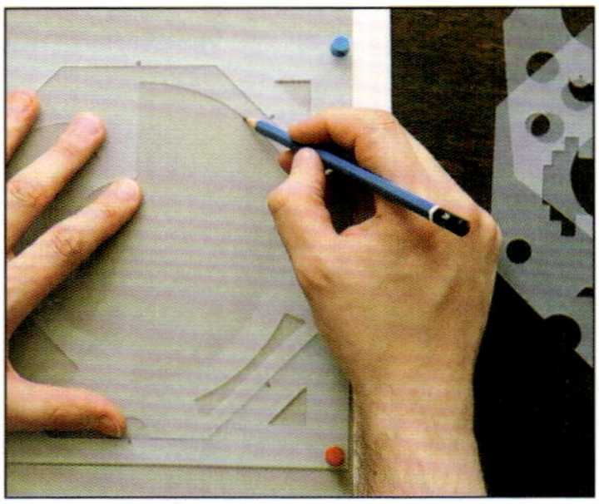

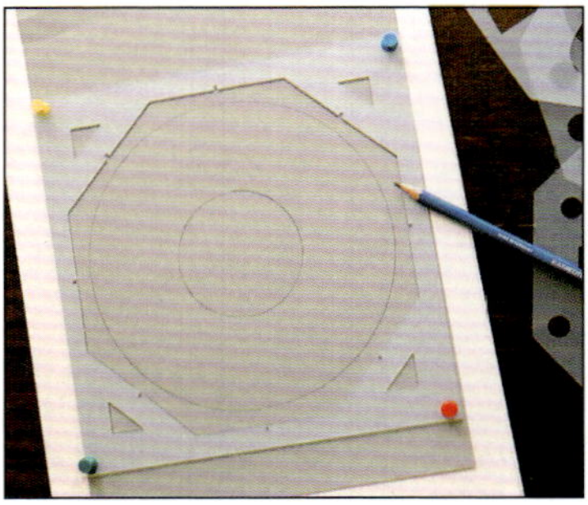

Beginnen Sie mit der Schablone, die die verschiedenen Kreissegmente zeigt. Zunächst zeichnen Sie den äußeren (größten) Kreis. Entscheiden Sie, welche der anderen Kreise Sie einsetzen wollen und ob eines der Randornamente zu Ihrem Mandala passt. Die Kreise werden durch Drehen um jeweils 90 Grad (Drehung um 2 Schritte) vervollständigt, die Randornamente lassen sich im 45-Grad-Abstand platzieren (1 Schritt).

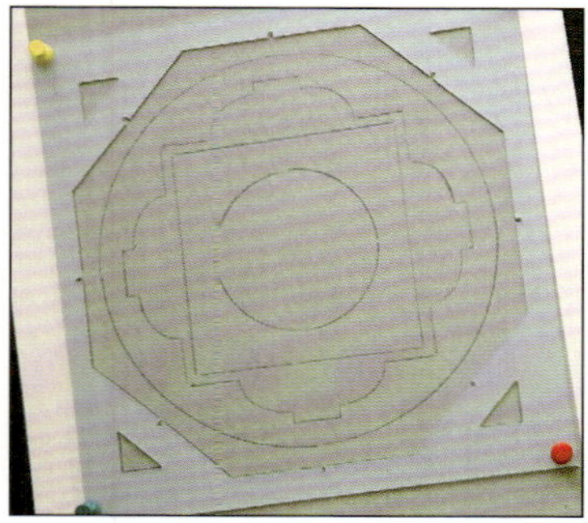

Oben und links: Setzen Sie nun nacheinander die weiteren Achteckschablonen ein. Sie werden sehen, dass sich aus der Kombination der Schablonen erste Motive bilden, wie z. B. der Palastgrundriss, verschiedene Lotosblüten oder die »Blütenränder«.

Haben Sie alle benötigten geometrischen Figuren nachgezeichnet, nehmen Sie den Rahmen ab und zeichnen Sie den quadratischen Rand sowie die mittigen Hilfslinien mit einem Lineal ein.

Die Motivschablonen

Auf den großen Schablonen befinden sich insgesamt zehn großformatige Motive (s. S. 30–40). Zusammen mit dem Rad der Leere und der Lotosblüte auf den achteckigen Schablonen lassen sie sich gut im Zentrum eines Mandalas einsetzen. An ihnen sollte sich Ihre weitere Gestaltung ausrichten, denn durch ihre Platzierung bestimmen Sie beispielsweise, wo oben und unten ist.

Positionieren Sie die erste Teilschablone Ihres Motivs. Dazu dienen die runden Stanzungen am Rand des Motivs. Sie müssen über den mittigen Hilfslinien und am Außenrand des mittleren Kreises zu liegen kommen. Wenn Sie alle Formen nachgezeichnet haben, wiederholen Sie den Vorgang mit der nächsten Teilschablone.

Links: Hilfslinien, geometrische Formen und das zentrale Motiv sind vorgezeichnet.

Links und unten: Nun kommen die Schablonen für die kleineren Motive zum Einsatz. Diese Motive sind meist symmetrisch aufgebaut, die mittigen Hilfslinien helfen bei der Ausrichtung. Da die Schablonen transparent sind, lassen sich die Motive passgenau nachzeichnen.

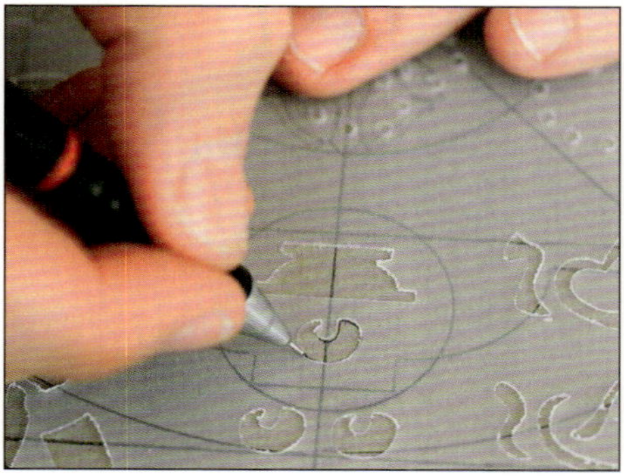

Die Reinzeichnung

Die Bleistiftvorzeichnungen, die Sie mit den Schablonen angelegt haben, sind nur ein vorläufiges Gerüst für das Mandala. Die nun folgende Reinzeichnung der schwarzen Konturen erfordert ein wenig Geduld und eine halbwegs ruhige Hand.

Oben: Auf der fertigen Vorzeichnung sind noch zahlreiche Bleistiftlinien vorhanden, die im fertigen Mandala nicht zu sehen sein werden.

Rechts: Beginnen Sie die Reinzeichnung mit den größeren geometrischen Formen.

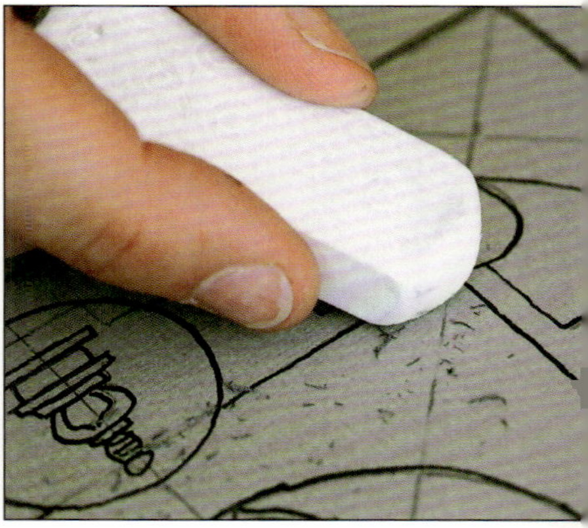

Ziehen Sie beim Nachzeichnen der Motive nicht einfach nur alle Linien nach, sondern versuchen Sie den »logischen« Aufbau eines Motivs nachzuvollziehen. Durch die Schablonentechnik bedingt weisen auch die Einzelmotive so etwas wie »überflüssige« Hilfslinien auf. Entfernen Sie anschließend alle Bleistiftlinien mit einem weichen Radiergummi.

Ergänzen Sie nun die Ferderzeichnung durch ein paar Freihand-Details und zusätzliche Rahmenlinien entlang der geometrischen Formen. So erhalten Sie die Möglichkeit später differenziert Farbe einzusetzen.

Kolorieren

Die eigentliche kontemplative Beschäftigung mit dem Mandala ist das Ausmalen: Präzise, ruhig und geduldig füllen Sie Fläche um Fläche. Um unbeabsichtigte Farbkombinationen zu vermeiden, sollten Sie gut vorbereitet sein: Liegen alle gewünschten oder benötigten Farben bereit? Wie verhalten sich diese Farben auf dem Papier und wie wirken sie zu- bzw. nebeneinander?

Ausgangspunkt ist das reingezeichnete Bild.

Mit Farbproben stellen Sie sich die passende Palette zusammen.

Beginnen Sie mit den Hintergrundflächen. Malen Sie zunächst alle Flächen mit der gleichen Farbe aus, so vermeiden Sie Farbschwankungen durch späteres, erneutes Mischen.

Auch für größere Flächen sind kleine bis mittlere Pinsel (Größe 3 bis 5) ideal, da sich so die Ränder der Farbflächen sauber begrenzen lassen.

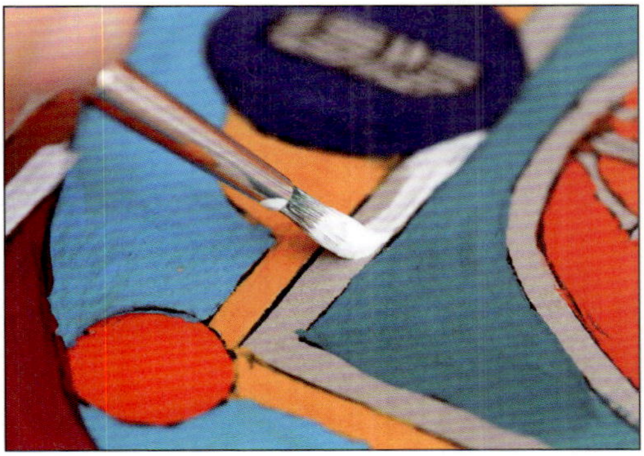

Wenn Sie wie in unserem Beispiel auf farbigem Papier malen, lohnt es sich, (Deck-) Weiß als »aktive« Farbe einzusetzen.
Auf einem farbigen Hintergrund sollten alle Farben deckend sein (z. B. Gouache).

Damit die Einzelmotive an Leuchtkraft und Plastizität gewinnen, sollten Sie besonders detailreich koloriert werden. »Grundieren« Sie die Motive zunächst mit Aquarellfarben, und setzen Sie dann mit (deckenden) Buntstiften Lichter und Schattierungen. Mit etwas Übung gelingen Ihnen auch bald die für tibetische Malerei so typischen Farbverläufe. Das fertige Bild ist übrigens auf Seite 4 zu sehen.

Beispiel-Mandalas

Die folgenden vier Mandalas wurden mit Hilfe der dem Buch beiliegenden Schablonen konstruiert und gestaltet.

Ein einfaches Mandala, das in seinen Grundzügen der traditionellen Gestaltung folgt: Oben der rote Westen, die anderen Himmelsrichtungen sind entsprechend angeordnet. Im Zentrum des stilisierten Palastes sitzt der Buddha, den Kreis umgibt nach außen hin ein vielfarbiger Lotos.

Auch dieses Mandala orientiert sich an der traditionellen tibetischen Form- und Farbgebung: Die Himmelsrichtungen (Weiß ist durch Dunkelblau ersetzt worden) sind dabei allerdings nur im mittleren Quadrat zu erkennen. Doch findet man den Lotos gleich zweimal: im Zentrum und in den rosa Kartuschenblättern, die die acht (tibetisch-buddhistischen) Glückssymbole (s. S. 41–48) beinhalten.

Obwohl dieses Mandala mit dem Garuda und dem Lotosrand tibetische Motive verwendet, ist es im Wesentlichen nicht mehr von der traditionellen Gestaltung beeinflusst. Der Garuda steht hier als Herrscher der Lüfte, die Farben des Mandalas sind entsprechend in Blautönen gehalten. »Westlich« an dieser Gestaltung ist vor allem die Ton-in-Ton-Farbgebung, die bewusst auf jede Buntheit verzichtet.

Das Anfertigen dieses Mandalabildes diente allein zur Konzentration auf die eigene innere Ruhe, zum »Abschalten«. Folgerichtig beschränkt es sich auf rein geometrische Formen und verzichtet auf gegenständliche Darstellungen, also inhaltlich aufgeladene Symbole. Die Farben wurden während des Kolorierens intuitiv gewählt, allerdings aus einem vorausgewählten Spektrum »tibetischer« Farben.

Motive und Symbole

Dieses kleine Lexikon listet alle Motive auf, die sich mit Hilfe der Schablonen zeichnen lassen. Zu jedem Symbol gehören Illustrationsbeispiele, Tipps zu Details und Farbigkeit sowie Hilfestellungen, um die Motive auf den Schablonen zu finden.

Die Erläuterungen beziehen sich vor allem auf den tibetisch-buddhistischen Kontext, beschränken sich dabei aber auf die einfachsten Bedeutungen. Darüber hinaus findet man hier auch Aspekte, die für das Anlegen eines »persönlichen«, eher westlich geprägten Mandalas in Frage kommen.

Die folgende Abbildung zeigt den Aufbau einer Lexikonseite:

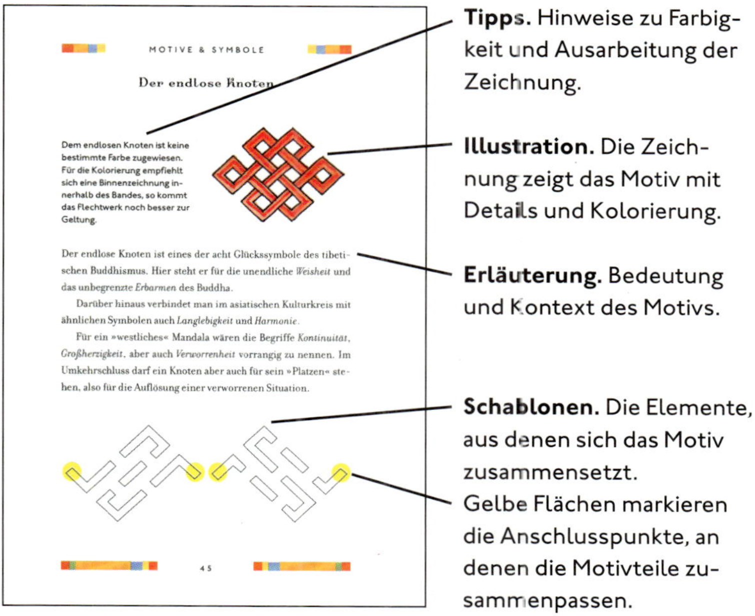

Der Buddha

Der historische Buddha Shakyamuni wird am besten in »natürlichen Farben« dargestellt: blauschwarze Haare, fleischfarbener Körper, orangerotes Gewand. Heiligenschein und Aureole haben zwar keine festgelegten Farben, aber Smaragdgrün, Lapisblau, Gold und »flammenfarbige« Kontraste eignen sich allgemein gut.

Mit der Geste der Erdberührung ruft der historische Buddha Shakyamuni (auch: Siddharta Gautama) die Erdgöttin als Zeugin seiner *Erleuchtung* an. Als derjenige, der ins Nirvana eingegangen ist, steht er für *Erkenntnis*, *Wissen* und letztlich auch *Loslösung*.
Neben dem historischen Buddha kennt der tibetische Buddhismus noch eine Vielzahl weiterer Buddhas, bedeutend sind vor allem die fünf transzendenten Buddhas.
Akshobhya: Haltung wie Shakyamuni, aber in blauer Farbe. Er beherrscht den Osten, sein Prinzip ist die *Unerschütterlichkeit*.
Ratnasambhava: Der gelbe Herr des Südens befreit (den Gläubigen) aus materieller Not und gewährt so manchen *Wunsch*.
Amitabha: Voller *Gnade* herrscht er im Westen über das (Zwischen-) Paradies Sukhavati. Seine Farbe ist Rot.
Amoghasiddhi: Der Herr des Nordens bringt *Erfolg*, Regen und Fruchtbarkeit. Er wird mit grüner Körperfarbe dargestellt.

Vairocana: Er residiert im Kreuzungspunkt der Himmelsrichtungen und vereint die Qualitäten der anderen Buddhas auf sich, darüber hinaus steht er für höchste *Weisheit*. Seine Farbe ist Weiß.

Ein Buddha lässt sich an seiner typischen Handhaltung (Mudra) erkennen, dabei bedarf es nur leichter Veränderung der Grundform. Abbildungen: **1** Ratnasambhava (mit der Geste der Gewährung), **2** Amitabha (Meditation), **3** Amoghasiddhi (Ermutigung), **4** der »Anfangs-Buddha« Vairocana (Höchsterleuchtung)

Das Windpferd

Ein Schimmel mit blauschwarzer Mähne und Schweif, goldenem Zaumzeug (und Sattel) sowie einem bunten Wunschjuwel auf dem Rücken ist eine verbreitete Art, das Windpferd darzustellen. Häufig wird das Juwel auch sechsteilig (statt wie hier dreiteilig) gezeichnet.

Das Windpferd (Lungta) steht im Zentrum der vier Weltgegenden, zusammen mit den Tieren der Himmelsrichtungen (s. S. 10) wird es häufig auf Gebetsfahnen und kleinen Papierzetteln abgebildet, die fromme Wünsche und Gebete mit dem Wind zu den Göttern tragen sollen.

Entsprechend steht das Pferd für die *Energie* des Windes, *Erfolg* und *zielgerichtetes Handeln*. Im westlichen Kulturkreis ist das Pferd ein Symbol für *Treue*.

Der Garuda

Rot ist eine typische Farbe für den Garuda, seine Augen sind oft golden. Er ist in seiner Farbigkeit aber nicht grundsätzlich festgelegt, so könnte er in einem Mandala beispielsweise fünffach platziert werden und dann die Farbe der entsprechenden Himmelsrichtung annehmen.

Der Garuda entstammt ursprünglich dem indischen Pantheon, dort war er das Reittier Vishnus. In der tibetischen Vorstellung ist er der König der Vögel und Beherrscher der Lüfte. Er ist der Erzfeind und Vernichter der (giftigen) Schlangen und wird somit als Beschützer vor Gefahr und Unheil angesehen.

Mit ihm lässt sich *Gefahren* trotzen, er bietet *Schutz* vor Anfeindungen jeder Art.

Der Drache

Drachen können in jeder beliebigen Farbe koloriert werden. Da sie aber mit dem Element Wasser in Verbindung stehen, sollte man entsprechend Blau- oder Grüntöne wählen.
Die Drachenhaut ist schuppig, das sollte möglichst berücksichtigt werden.

Das Element des Drachen ist das Wasser, sei es als See, Fluss, Regen oder Nebel. Aus China gelangte er in den tibetischen Kulturkreis, wo er mitunter schwer von einem Makara (s. S. 37) oder einem Naga (aus Indien stammende Schlangengottheit) zu unterscheiden ist.

Er bringt den Regen und damit auch *Erleichterung*, neue *Kraft* und *Fruchtbarkeit*.

Im europäischen Verständnis ist das Element des Drachen allerdings das Feuer, hier ist er der große *Zerstörer*.

Der Schneelöwe

Als Wappentier der Tibeter ist der Schneelöwe weiß, seine Mähne und sein Schweif sind türkis. Als »normaler« Löwe kann er auch in natürlichen Farben bzw. in Gold und Rot (Haare) dargestellt werden.

Der Löwe symbolisiert mit seiner lauten Stimme die Verkündung der buddhistischen Wahrheit und damit auch Buddha selbst. In Tibet wird er als Schneelöwe dargestellt, er herrscht über die Gipfel der Schneeberge.

Von der »Stimme Buddhas« abgeleitete Aspekte sind *Wahrheit*, *Aufrichtigkeit* und *Überzeugungskraft*.

Im abendländischen Kulturkreis steht der Löwe als König der Tiere für *Mut* und *Tapferkeit*.

Der Tiger

Der Tiger wird in seinen natürlichen Fellfarben Gelb, Orange, Rot und Braun oder Schwarz dargestellt. Die Fellstreifen der Schablone dienen nur zur Orientierung, je mehr Streifen der Tiger hat, umso schöner ist er.

Ähnlich dem Löwen (s. S. 35) verfügt der Tiger über alle positiven Eigenschaften einer großen Raubkatze.

Seine besonderen Eigenschaften sind wilde *Furchtlosigkeit*, unbeugsame *Willensstärke* und beherrschende *Entschlossenheit*.

Während der Tiger in Tibet den Süden repräsentiert, ist er in China das Tier des Westens. Dort ist der Tiger als König der Tiere ebenfalls ein Zeichen für *Willensstärke* und *Entschlossenheit*.

Der Makara

So wie der Makara aus zahlreichen anderen Tieren zusammengesetzt erscheint, so bunt ist er auch. Passend wäre ein Farbverlauf von Grün (Krokodilschnauze) nach Purpurrot (gefiederter Schwanz).

Die ungewöhnliche Erscheinung des Makara setzt sich aus allerlei Tieren zusammen: Krokodil, Löwe, Fisch, Pferd usw. Es überwiegen dabei die Eigenschaften des Krokodils: *Kraft*, *Ausdauer* und *Hartnäckigkeit*.

Das Wasserungeheuer ziert häufig den Griff von Ritualgegenständen (s. S. 69 u. 70).

Im westlichen Kulturkreis wird das Krokodil oft als verschlagen und mitleidslos angesehen.

Der Elefant

Der Elefant ist gewöhnlich weiß. Um ihn dennoch nicht allzu flach wirken zu lassen, sollte man die Körperpartien mit einem leichten Grau schattieren.

So wie der Arbeitselefant allmählich von einem Wild- zu einem Nutztier ausgebildet wird, so symbolisiert der weiße Elefant den kontrollierten Geist, die Beherrschung der Meditation.

Seine vornehmsten Eigenschaften sind demzufolge die *Gelassenheit* und die *Unverrückbarkeit*. Entsprechend steht ein schwarzer Elefant für den *undisziplinierten Geist*.

Der Elefant sollte nicht mit dem elefantenköpfigen Gott Ganesha verwechselt werden, dessen Symbolik vielschichtiger ist.

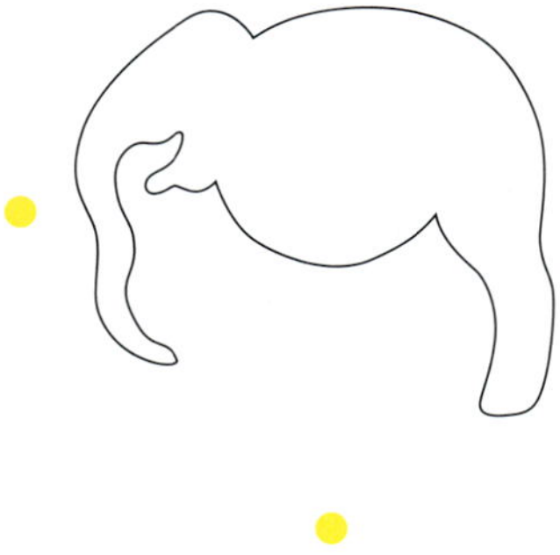

Der Mungo

Der Mungo wird mit seiner »natürlichen«, braunen Fellfarbe koloriert. Eine Fellzeichnung in dunklerem Braun macht die Figur plastischer.

Vom Mungo (Nakula) heißt es, er könne Perlen oder Edelsteine speien. Entsprechend ist er ein häufiges Attribut von Kubera dem Gott des Reichtums. Außerdem wird ihm nachgesagt, er sei immun gegen Gifttiere, vor allem Schlangen, da sie zu seinen Beutetieren zählen.

Der Juwelen speiende Mungo steht für *Wohlstand*, aber auch für *Schutz* gegen Anfeindungen.

Der gekreuzte Vajra

In der Regel ist Gold die Farbe des Allvajra. Eine Kolorierung der »Arme« in den Farben der vier Himmelsrichtungen (s. S. 10) kommt auch vor.

Der Doppel- oder Allvajra besteht formal aus zwei senkrecht übereinanderliegenden Vajras (zum Vajra s. S. 54). So symbolisiert er die Existenz des Absoluten in allen vier Himmelsrichtungen und bildet quasi das Fundament der Welt.

Aus dieser »kosmologischen« Bedeutung leitet sich auch sein Symbolgehalt ab: absolute *Standhaftigkeit*, *Unverrückbarkeit* und *Verlässlichkeit*.

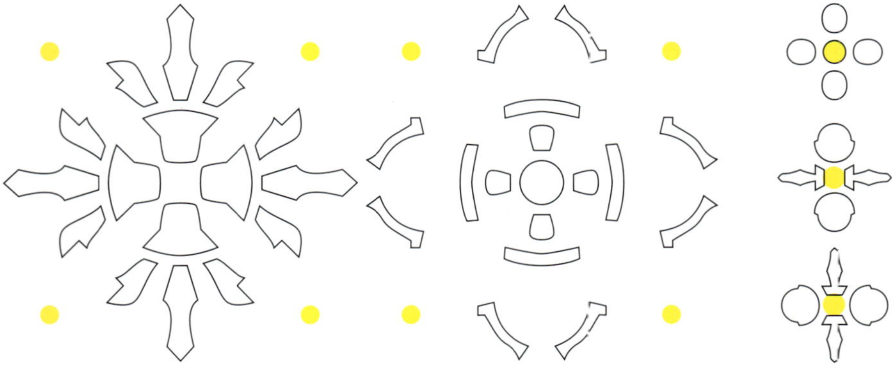

Der Lotos

Die natürliche Farbe des Lotos ist ein blasses Rosa. Stilisierte Blüten (in der Draufsicht) können aber nahezu jede Farbe haben bzw. in Regenbogenfarben schillern.

Der Lotos ist eines der wichtigsten Symbole des Buddhismus, er ist vor allem ein Sinnbild der *Erleuchtung*. Abgeleitet wird dies von der Art, wie der Lotos aus dem schlammigen Teichgrund bis über die Wasseroberfäche emporwächst, wo sich seine Blüte erst im Sonnenlicht entfaltet.

Er steht für die *Reinheit des Geistes und des Herzens*, sowie für die Fähigkeit, sich aus den irdischen Bindungen zu *befreien*, zudem ist er eines der acht Glückssymbole.

Auch mit einer der achteckigen Schablonen lässt sich ein Lotos zeichnen.

Das Rad der Lehre

Im Buddhismus ist die Farbe des Rades meist Gold, so wird auf seine »Heiligkeit« Bezug genommen. Im Zentrum des Rades kann ein Yinyang-Symbol (Taiji, s. S. 64) platziert werden.

Das Rad der Lehre (Dharma-Rad oder Dharmachakra) versinnbildlicht mit seinen acht Speichen den »Edlen Achtfachen Pfad« zur Erleuchtung: rechter Entschluss, rechte Ansicht, rechte Rede, rechtes Handeln, rechter Lebensunterhalt, rechtes Streben, rechte Achtsamkeit und rechte Meditation.

Vor allem ist das Rad ein Symbol für die buddhistische Lehre, steht aber in unserem Zusammenhang auch für *Rechtschaffenheit*, *Wahrheit* und *Disziplin*. Das Rad ist eines der acht Glückssymbole.

Im Abendland symbolisiert das Rad den Weg zur *Vollkommenheit* (des Kreises) und die *Erneuerung*.

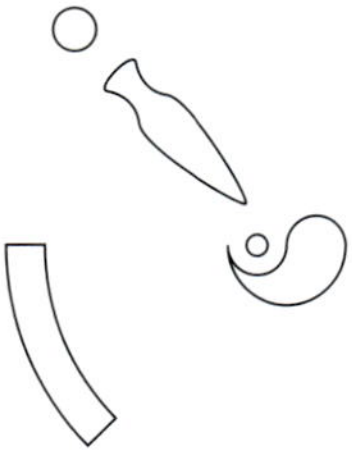

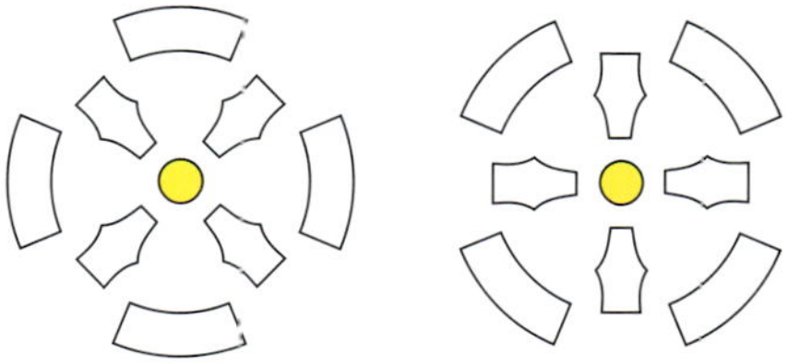

Links: Dharma-Rad im Zentrum einer der achteckigen Schablonen

Der Sonnenschirm

Für den Sonnenschirm gibt es keine festgelegte Farbe; Rot, Gelb und Weiß sind häufig. Ein Baldachin kann üppig mit Bändern und Girlanden verziert werden.

Der Sonnenschirm (Baldachin) war im alten Indien gleichermaßen ein Statussymbol als auch ganz praktischer Schutz gegen die sengende Sonne. So kennzeichnet er einerseits den Buddha als Weltenherrscher, andererseits symbolisiert er aber auch den *Schutz* vor schlechten Einflüssen.

Von seiner Status anzeigenden Funktion abgeleitet ist der Sonnenschirm ein Sinnbild für *Erhabenheit* und *Vornehmheit*, aber auch für *Respekt*. Der Baldachin gehört zur Gruppe der acht buddhistischen Glückssymbole.

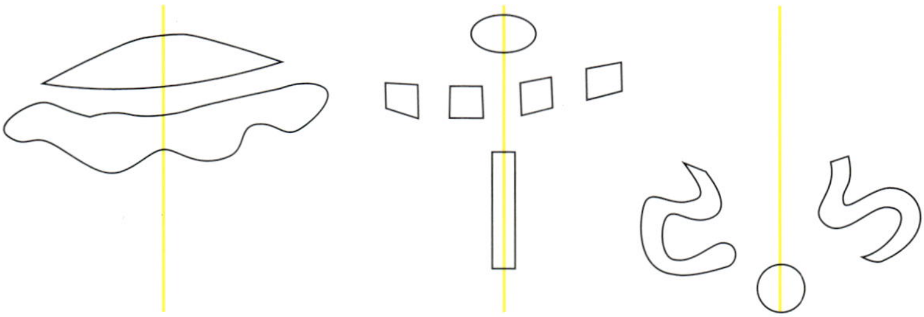

Die goldenen Fische

Steht kein Gold zur Verfügung, sollten die Fische in einem rötlichen Orangeton koloriert werden. Wichtig ist die Symmetrie der Darstellung.

Das goldene Fischpaar zählt zu den acht Glückssymbolen. Von der Fähigkeit der Fische, sich im Wasser frei zu bewegen werden die Bedeutungen dieses Symbols abgeleitet: *Glück* und *Spontaneität*. Darüber hinaus symbolisiert es die eigene *Befreiung* aus dem Ozean des Wiedergeburtenkreislaufs.

In China ist der (einzelne) Fisch ein Sinnbild für *Überfluss* und *Reichtum*, im Christentum steht er für Jesus Christus, den »Menschenfischer«.

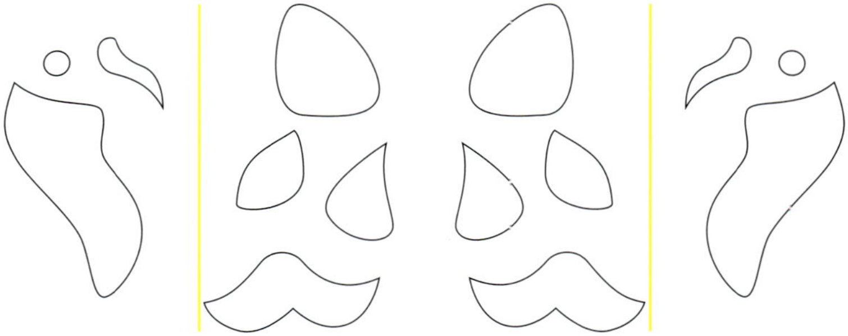

Der endlose Knoten

Dem endlosen Knoten ist keine bestimmte Farbe zugewiesen. Für die Kolorierung empfiehlt sich eine Binnenzeichnung innerhalb des Bandes, so kommt das Flechtwerk noch besser zur Geltung.

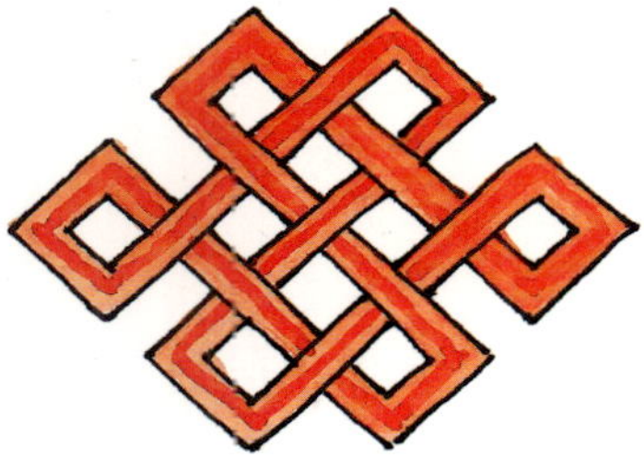

Der endlose Knoten ist eines der acht Glückssymbole des tibetischen Buddhismus. Hier steht er für die unendliche *Weisheit* und das unbegrenzte *Erbarmen* des Buddha.

Darüber hinaus verbindet man im asiatischen Kulturkreis mit ähnlichen Symbolen auch *Langlebigkeit* und *Harmonie*.

Für ein »westliches« Mandala wären die Begriffe *Kontinuität*, *Großherzigkeit*, aber auch *Verworrenheit* vorrangig zu nennen. Im Umkehrschluss darf ein Knoten aber auch für sein »Platzen« stehen, also für die Auflösung einer verworrenen Situation.

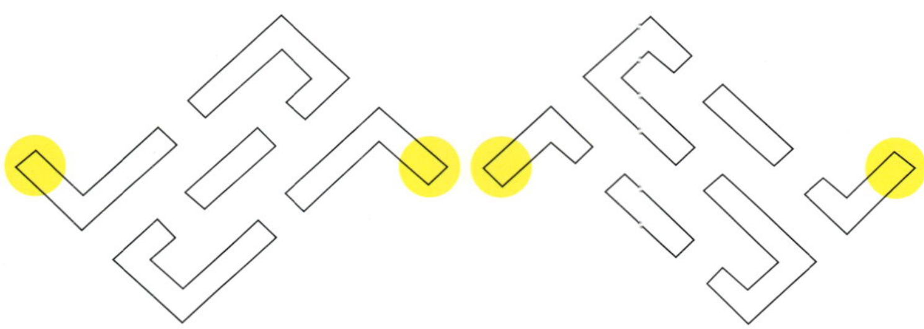

Das Muschelhorn

Die Muschel ist weißlich, eventuell mit einem Schimmer von Rosa (Perlmutt). An der oberen Spitze sollten die rechtsdrehenden Windungen erkennbar sein.

Der Klang des Muschelhorns trägt die Lehre des Buddha in die Welt, ruft aber auch die Gemeinde der Gläubigen (Sangha) zur Versammlung. So wurde es ein Symbol der *Verkündung*.

Im übertragenen Sinne steht es für *Autorität*, eine starke *Position* und *Gehörtwerden*. Es ist eines der acht Glückssymbole.

In der christlichen Ikonografie ist die (Venus-) Muschel ein Symbol der *Jungfräulichkeit*.

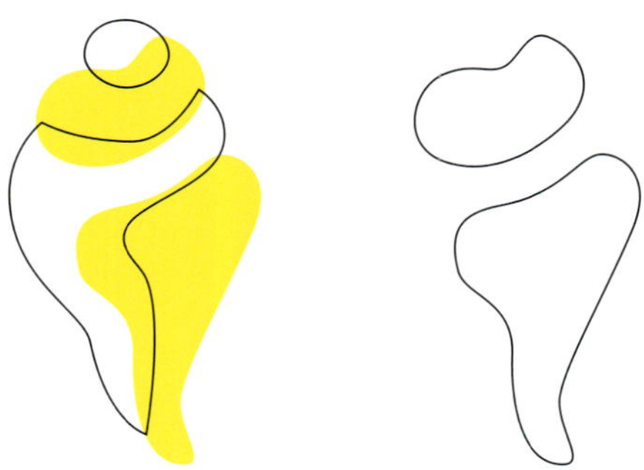

Das kostbare Gefäß

Das Gefäß ist entweder ganz golden, oder zumindest der Deckel ist aus Gold, der Körper dann dunkel. Seltener ist die Vase aus Porzellan. Je nach Bedeutung kann es einen Lebensbaum oder ein Juwel auf dem Deckel tragen.

Das kostbare Gefäß wird auch Schatzvase genannt. Es ist dann ein unerschöpflicher Juwelenspender. Hervorgebracht werden diese Schätze durch das Lebenswasser (Amrita), das im Gefäß aufbewahrt wird.

Vordergründig symbolisiert das Gefäß (eines der acht Glückssymbole) *Reichtum* und *Wohlstand*, mehr noch steht es aber für *Langlebigkeit* und *Gesundheit*.

Die Schirmstandarte

Die Spitze besteht aus einem schmalen Baldachin, unter dem Fahnen bzw. Stoffbahnen hervorschauen. Die Standarte kann mit zahlreichen Bändern verziert sein, neben Weiß sind nahezu alle Farben möglich.

Die Schirmstandarte ist ein umgedeutetes militärisches Würdezeichen: Als *Siegesbanner* steht es für das Bezwingen der Dämonen der Versuchung durch den (historischen) Buddha, also für den Sieg der Buddhalehre allgemein.

Die Standarte gehört zur Gruppe der acht Glückssymbole und symbolisiert *Macht*, *Erfolg* und *Standhaftigkeit*.

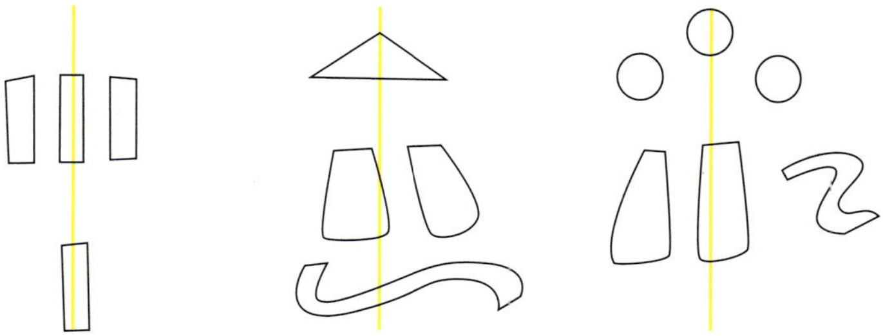

Der Spiegel

Der Spiegel ist stets von kreisrunder Form. Seine silberne Oberfläche lässt sich am besten durch Weiß darstellen. Freie Hand hat man bei der (reichen) Verzierung des Rahmens.

Der Spiegel zeigt alle Dinge in ihrer tatsächlichen Erscheinung, beraubt sie aber ihres eigentlichen Wesens. So ist er ein ideales Sinnbild für *Leere* und *Substanzlosigkeit*.

In seiner Unvoreingenommenheit versinnbildlicht der Spiegel auch *Neutralität* und *Unbestechlichkeit*.

Der Spiegel symbolisiert den Gesichtssinn, das *Sehen*.

Im christlich geprägten Abendland steht ein Spiegel für *Eitelkeit*, aber auch für *Selbsterkenntnis*.

Die Laute

Die Laute kann vier oder fünf Saiten haben. Typisch sind der ovale Korpus und der geknickte Hals (Stimmwirbel).

Die Laute ist das Instrument der buddhistischen »Engel« (Apsara), sie steht für himmlische Musik und die damit verbundene *Freude* und *Glückseligkeit*. Im übertragenen Sinn symbolisiert sie so auch *Harmonie*.

Unter den fünf Sinnen steht die Laute für *Gehör* und *Klang*.

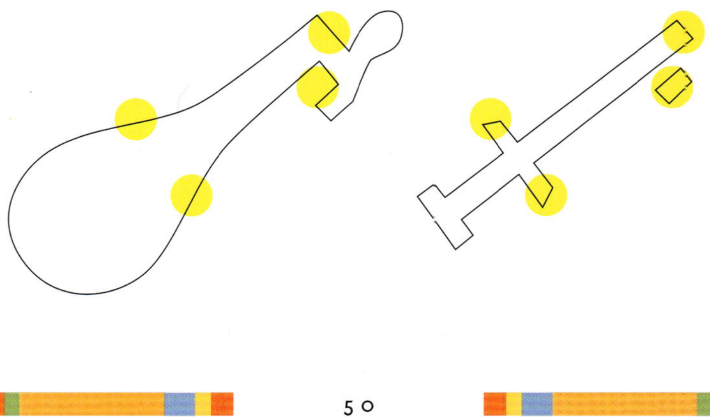

Der Weihrauch

Der Rauch wird traditionell durch spiralförmige Wirbellinien dargestellt. Das Opfergefäß kann auch ein drittes (mittiges) Bein zeigen.

Der tibetische Weihrauch besteht in der Regel aus gemahlenem Wacholder, er ist ein wichtiges Opfer und hält durch seinen Wohlgeruch Dämonen fern.

Daraus lassen sich die Bedeutungen *Wohlbefinden* und *Opferbereitschaft* ableiten.

Weihrauch versinnbildlicht den *Geruchssinn*.

Das Speiseopfer

Die Früchte können »natürliche« Farben haben oder dreifarbig wie ein Triratna (Rot, Grün, Blau; s. S. 61) sein. Das Gefäß ist meist dunkel gefärbt, mit goldenen Rändern.

In der Mitte des Altars vor einem Buddha (ob im Tempel oder auf einem Thangka) steht meist ein Speiseopfer. Wenn es sich nicht nur um symbolische (künstliche) Opfergaben handelt, sind es meist Früchte, die dem Buddha oder einer anderen Wesenheit dargebracht werden.

Neben der *Opferbereitschaft* lassen sich für das Speiseopfer die Bedeutungen *Fülle*, *Reife* und *Vollendung* finden.

Von den fünf Sinnen steht das Speiseopfer für den *Geschmack*.

Das Seidenband

Die Farbigkeit ist nicht festgelegt, die Bänder können auch die Farbe einer Himmelsrichtung (s. S. 10) tragen, entsprechend verändert sich die symbolische Bedeutung.

Das Seidenband ist kein wirklich eigenständiges oder »bedeutungsschweres« Symbol. Zwar ist es als kostbares und äußerst filigranes Material von gewissem Wert und kann so andere Symbole als Beiwerk überhöhen, doch in der Hauptsache steht es selbst lediglich für den Tastsinn, das *Fühlen*.

Wenn das Band jedoch eine der fünf Hauptfarben (s. S. 10) bekommt, kann es sich so mit der entsprechenden »geborgten« Bedeutung aufladen.

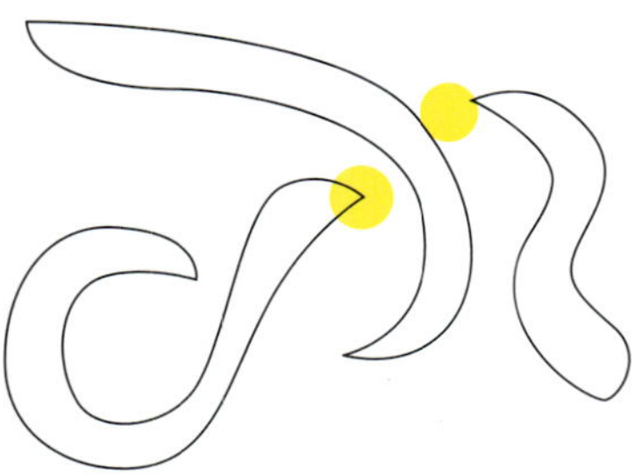

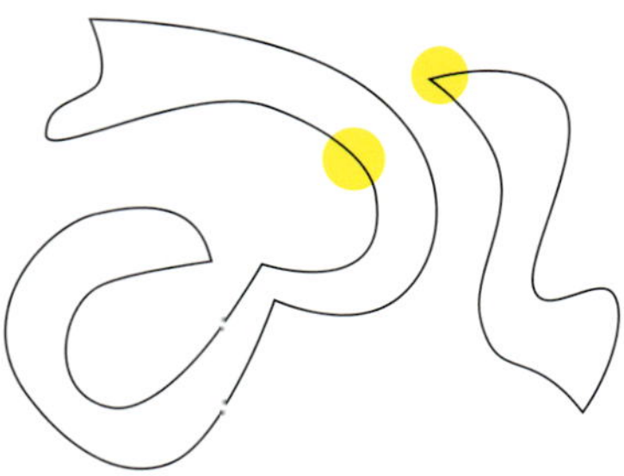

Der Vajra

Der Vajra ist meist goldfarben, da Gold auch die Farbe des Absoluten sein kann. Beim Zeichnen der Konturen immer an die Räumlichkeit der »Köpfe« denken, sie bestehen aus zwei um 90 Grad versetzten »Kreisen«.

Der Vajra (auch Dorje, Donnerkeil- oder Diamantzepter genannt) ist aus dem Blitzzepter des (indischen) Gottes Indra entstanden. Er symbolisiert das unzerstörbare und ewige *Absolute* sowie das männliche Prinzip.

Entsprechend steht er für *Vollkommenheit*, *Gelingen* und *Beharrlichkeit*, aber auch für *Undurchdringlichkeit*.

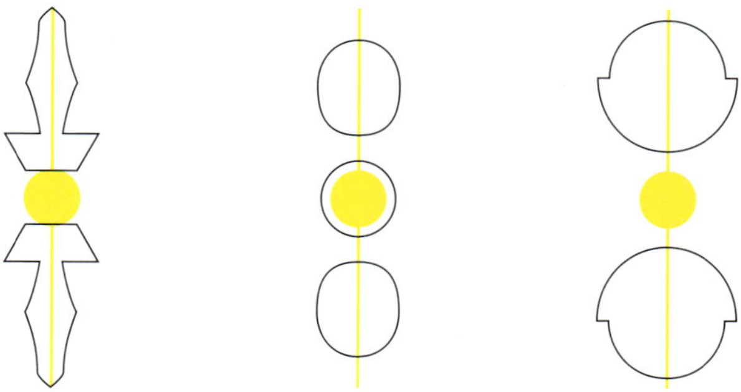

Die Glocke

Im Ritus ist die Glocke aus (gelber) Bronze, wie der Vajra sollte sie aber golden sein. Der Vajra-Kopf am Griffende sollte deutlich zu erkennen sein.

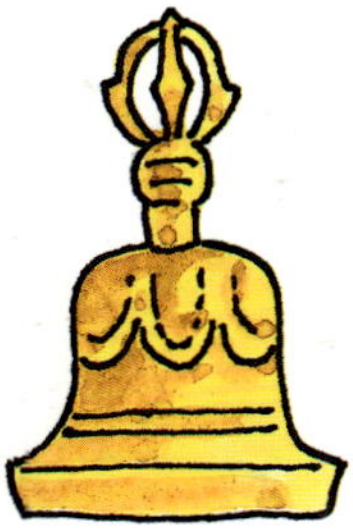

Der verhallende Klang der Glocke ist ein bezeichnendes Symbol für *Leere* und *Vergänglichkeit*. Dem Vajra steht die Glocke als Stellvertreter für das weibliche Prinzip polar gegenüber.

Gleichzeitig ruft die Glocke aber auch die Gläubigen zum Gebet zusammen.

Im abendländischen Kulturkreis steht die Glocke für das Abschrecken des Bösen, aber auch hier dient sie dazu, den Gottesdienst einzuberufen, kann also als Symbol der *Gemeinschaft* gedeutet werden.

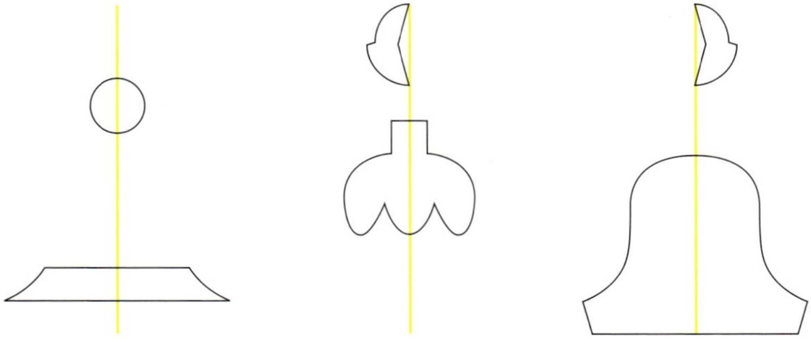

Die Trommel

Die Trommel ist aus Holz und daher entsprechend einzufärben. Makabererweise kann sie aber auch aus zwei gegeneinandergesetzten Schädelhälften bestehen, dann ist sie elfenbeinfarben. Für das Band ist keine Farbe vorgeschrieben.

Die doppelseitige Sanduhrtrommel (Damaru) ruft mit ihrem Klang die Gemeinschaft der Gläubigen zur Versammlung. Beim Schlagen auf beide Seiten vereinen sich in der Trommel *Weisheit* und *Methode*, das *Relative* und das *Absolute*.

Im übertragenen Sinne kann man die Trommel auch als Symbol für den *Rhythmus des Lebens* deuten.

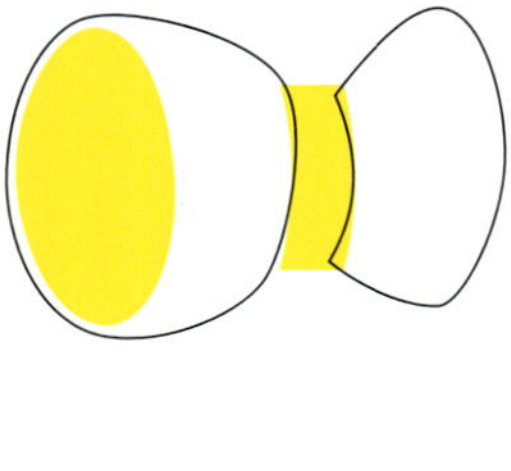

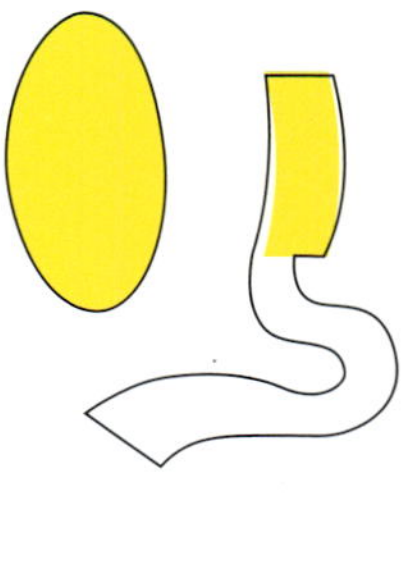

Der Rosenkranz

Die Perlen können weiß, rot oder auch schwarz sein. Ein vollständiger Rosenkranz hätte 108 Perlen. Die zwei Seitenriemen dienen zum Abzählen.

Perle für Perle wird mit der Gebetskette ein Mantra wiederholt. Die Zahl der 108 Perlen des buddhistischen Rosenkranzes geht auf ältere kosmologische Vorstellungen zurück, so ist 108 beispielsweise das Produkt aus der Multiplikation der neun Planeten mit den zwölf Tierkreiszeichen. Auch der Weg zur Erlösung soll 108 Stufen haben, die 108 Ursachen des Leidens.

Abgeleitet von seiner Verwendung steht der Rosenkranz für *Beharrlichkeit*, *Beruhigung* und *Befriedigung*.

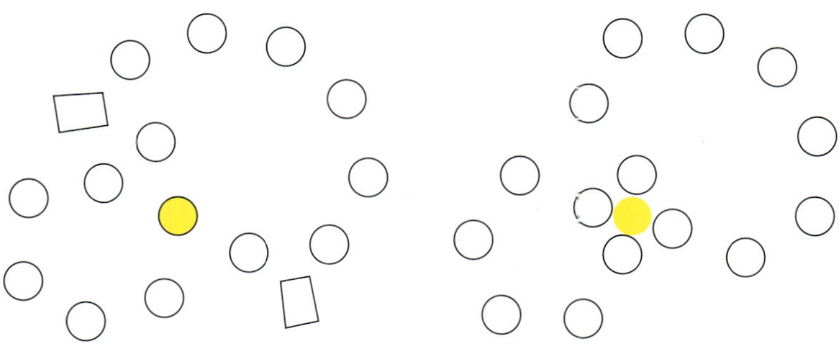

Das Buch

Das Buch besteht aus vier Teilen: zwei (lackierten) hölzernen Deckeln, einem Stapel Blätter (Seiten) und einem Band, das alles zusammenhält.

Das (heilige) Buch (auch Sutra oder Pustaka genannt) besteht auch heute noch oft aus losen, querformatigen Papierstreifen, die zwischen zwei Buchdeckeln von einem Stück Stoff zusammengehalten werden. Selbstverständlich steht das Buch für die Übermittlung der Lehre, der buddhistischen Überlieferung.

Abgeleitet davon symbolisiert es *Wissen*, *Weisheit*, *Wahrheit*, *Lernen* und die Kunst der *Rede*.

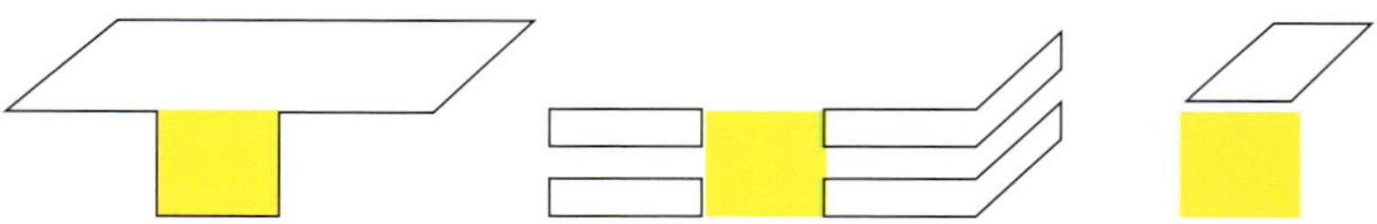

Die Almosenschale

Die Almosenschale wird traditionell eisern, also dunkelblau bzw. schwarzblau dargestellt. Ihr Inhalt ist stets weiß wie der gespendete Reis.

Die Almosenschale ist eines der wenigen Dinge, die ein Mönch besitzen darf, mit ihr stellt er seine Nahrungsversorgung sicher. Hält ein Buddha eine Almosenschale in der Hand, so tut er dies meist mit dem Gestus der *Meditation*. Außerdem kennzeichnet die Bettelschale auch ein Ordensoberhaupt.

Die Almosenschale steht, abgeleitet von ihrer Verwendung, für *Entsagung* und *Leere*.

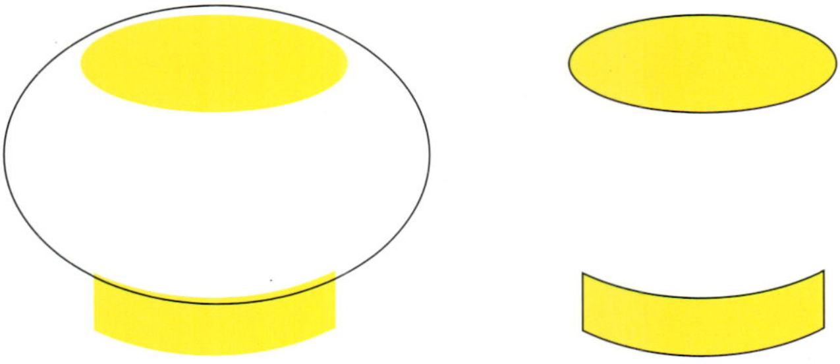

Der Stupa

Der Stupa ist entweder ganz golden oder weiß (Stein) mit einer goldenen Spitze. Diese ist immer als »Stapel« von Scheiben darzustellen. Die Nische im Zentrum des Stupas ist immer ein wenig dunkler (tiefer) zu kolorieren.

Ursprünglich war der Stupa ein Grabhügel, später auch das Grabmal für hohe buddhistische Würdenträger. So wurden Stupas auch Schreine für wichtige buddhistische Reliquien. Ein Stupa (auch: Pagode) wird durch Umwandern im Uhrzeigersinn verehrt.

Stupas gelten als Mahnmal der Buddhalehre.

Beim Betrachten eines Stupas stellen sich aber auch Gedanken an den *Tod* und die *Vergänglichkeit* des Lebens sowie das *Andenken* an die Verstorbenen ein.

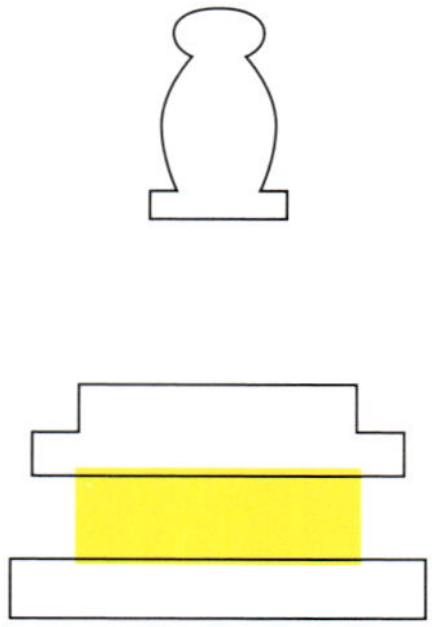

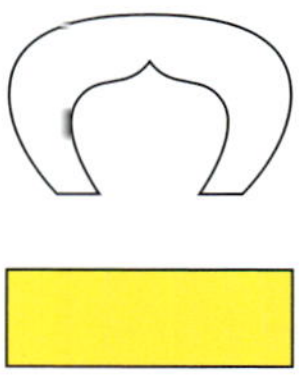

Die drei Edelsteine

Das Dreijuwel wird am besten in den Farben des Regenbogens (Rot, Grün, Blau) koloriert. Besonders passend sind Farbverläufe nach Weiß. Der Strahlenkranz sollte in Flammenfarben gestaltet werden.

Das Dreijuwel (Triratna) symbolisiert die Einheit von Buddha, Lehre (Dharma) und Gemeinde (Sangha), ebenso vereint es Körper, Rede und Geist.

Da das Juwel sowohl für zwei Polaritäten als auch für deren Vereinigung (als Drittes) steht, können wir es für die Bedeutungen *Einheit* und *Vollkommenheit* verwenden.

Man sollte der Versuchung widerstehen, das Dreijuwel mit der christlichen Dreifaltigkeit in Verbindung zu bringen.

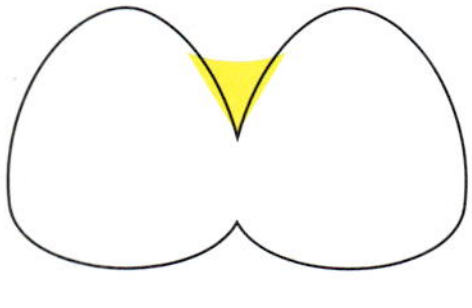

Das Wunschjuwel

Wie das Dreijuwel (s. S. 61) sollte auch das Wunschjuwel in Regenbogenfarben gestaltet werden. Die sichtbaren sechs Facetten sollten dabei in je einer anderen Farbe koloriert werden. Farbverläufe betonen den Edelsteincharakter.

Das Wunsch erfüllende Juwel (Cintamani) wird entweder als achtfach facettierter Edelstein oder als weiße Perle dargestellt. Es ist das Attribut mehrerer mildtätiger Gott- und Wesenheiten, deren Anrufung Sorgen und Nöte abwenden soll. Das Windpferd (s. S. 32) trägt ein Wunschjuwel auf seinem Rücken.

Der Cintamani steht für *Gnade*, *Glück* aber auch *Verdienst* (als Voraussetzung für die *Wunschgewährung*).

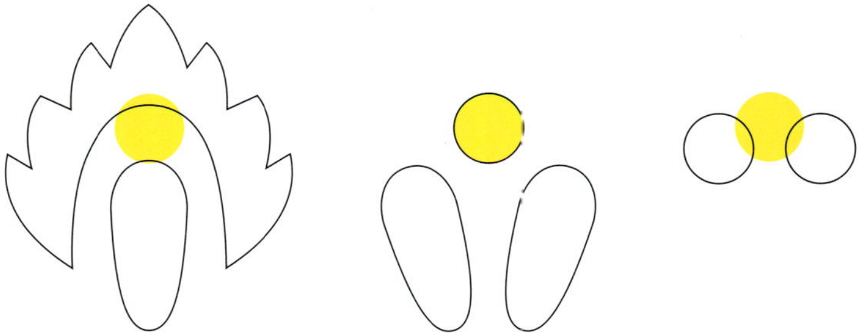

Der Bergkristall

Wie die Edelsteine (s. S. 61, 62) sollte auch der Kristall in Regenbogenfarben gehalten werden. Durch Farbverläufe und Kontraste lassen sich die verschiedenen Facetten des Kristalls besonders »durchscheinend« gestalten.

Durch die Reflexion des Lichts (*Substanzlosigkeit*) steht der Kristall symbolisch in der Nähe des Spiegels (s. S. 49). Mit dem *Absoluten* (s. Vajra, S. 54) verbindet ihn die diamantene Härte.

Darüber hinaus verkörpert er die strahlende Natur des Geistes, *Klarheit im Denken* und einen *scharfen Verstand*.

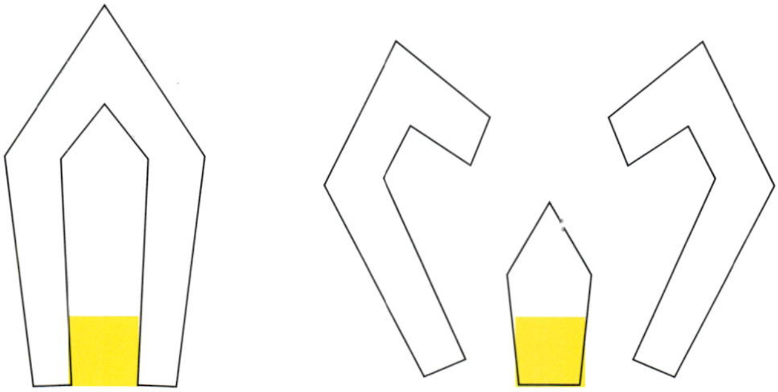

Das Taiji-Symbol

Die Farbgebung ist schlicht: Schwarz und Weiß. Schattierungen im Weiß und auch in einem eher violetten, nicht gänzlich dunklen Schwarz verleihen dem Motiv mehr Plastizität. Die Felder drehen gegen den Uhrzeigersinn.

Das Taiji-Symbol stammt ursprünglich aus China und zeigt die Verschmelzung von *Yin* (schwarz) und *Yang* (weiß) im *Absoluten*. Die Punkte in den Farbflächen zeigen, dass das Yin durch das Yang bedingt wird und umgekehrt.

Im Buddhismus steht das Taiji-Symbol für die Verflochtenheit von Wiedergeburtenkreislauf (Samsara) und Nirvana.

Abgeleitet steht es für *Unabdingbarkeit* und *Relativität*.

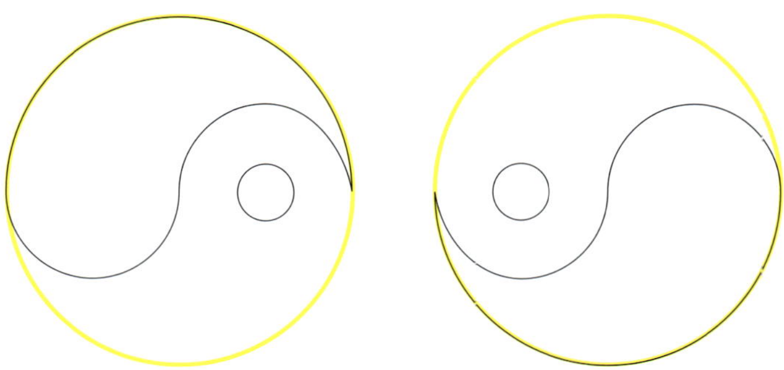

Das Rad der Freude

Ideal geeignet sind die Farben des Dreijuwels (s. S. 61). Es ist üblich, die Trennlinien zwischen den Feldern zu verzieren. Die drei »Tropfen« drehen gegen den Uhrzeigersinn.

Das Rad der Freude sollte nicht mit dem Taiji-Symbol verwechselt werden, zeigt es doch stets drei, seltener vier Felder. Die Zahl drei steht dabei für die drei Juwelen (s. S. 61).

Das Rad symbolisiert *Freude*, *Zufriedenheit* und *Vergnügen*.

Wie das Yinyang-Zeichen kann das Rad der Freude in der Nabe des Dharma-Rades (s. S. 42) stehen.

Das Schwert

Die Schwertklinge ist blau, dies ist die traditionelle Farbe des Eisens. Der Griff kann bronzefarben sein. Die Flammenspitze sollte leuchtend koloriert werden und kann gerne auch größer gestaltet sein.

Das Schwert dient zahlreichen Wesenheiten als Waffe zur Zerstörung der *Unwissenheit*. Es zerschneidet den Schleier, der die *Erleuchtung* verdeckt, mit seiner Flammenspitze bringt es Licht ins Dunkel des Nichtwissens.

So steht es vor allem für *Erkenntnis* und *Weisheit*.

Im westlichen Kulturkreis ist ein Schwert Symbol für *Macht*, *Entschlossenheit* und *Entscheidung*.

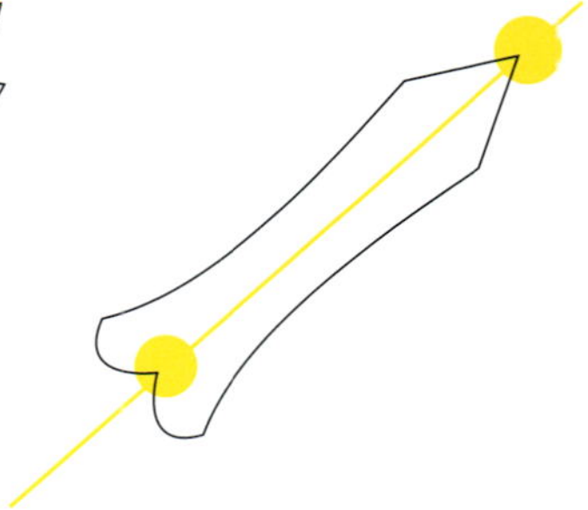

Der Schild

Das Dekor des Schilds sollte stets zu einem achtblättrigen bzw. achtspeichigen Muster ergänzt werden. Die Seidenbänder sollten möglichst plastisch gestaltet werden.

Im Gegensatz zum angreifenden Schwert dient der Schild zur Verteidigung, ist also ein Symbol des *Schutzes* vor bösen Einflüssen, insbesondere steht es für den Triumph Buddhas über Mara, den Versucher, der ihn am Erreichen der Erleuchtung hindern wollte.

Im Mandala können wir es als Symbol für *Widerstehen* und *Standhaftigkeit* verwenden.

Pfeil und Bogen

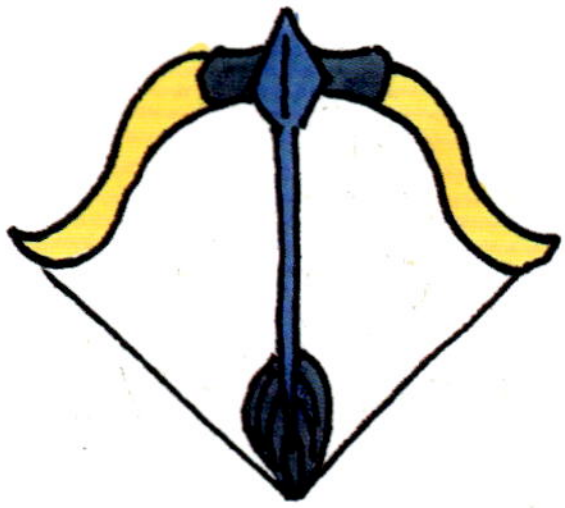

Für Pfeil und Bogen sind keine Farben zwingend vorgeschrieben, sie sollten möglichst »natürlich« gestaltet werden (braunes oder rotes Holz, blaues Eisen, bunte Federn).

Der Pfeil in der gespannten Bogensehne zielt auf den durch Aberglauben und Unwissenheit verblendeten Geist, er wird sein Ziel mit der Treffsicherheit der Wahrheit erreichen.

Demzufolge symbolisieren Pfeil und Bogen ein *zielgerichtetes Handeln* sowie *Entschlossenheit*.

Über und über mit Blumen verziert (selbst auf der Sehne) stehen Pfeil und Bogen für *Liebe* und *Begierde*.

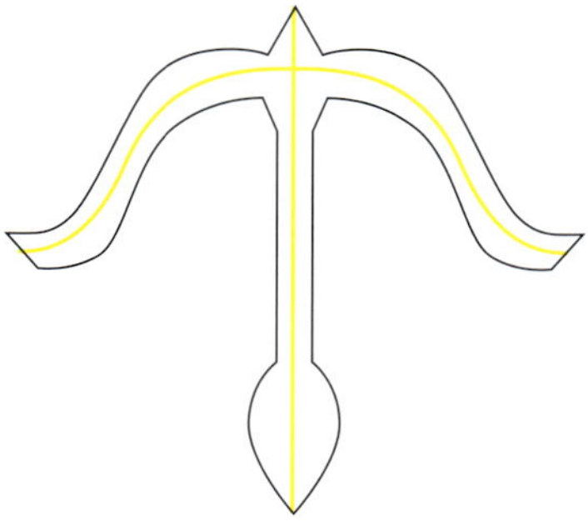

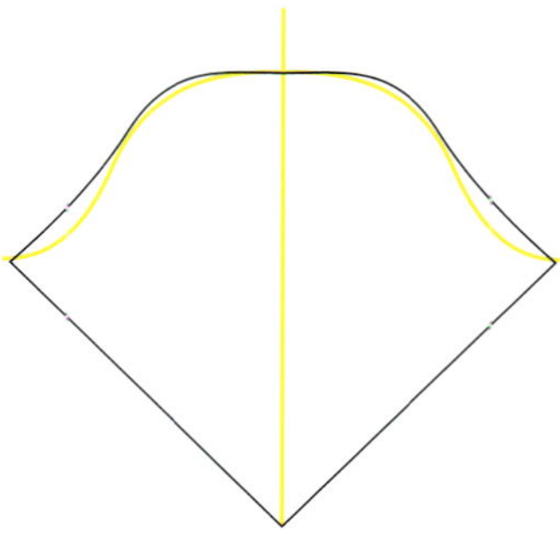

Der Vajra-Dolch

Der Griff ist meist golden. Vajra-Kopf und Makara-Maul (s. S. 37) sollten gut zu erkennen sein. Die Klinge ist eisenblau.

Der Vajra-Dolch (Vajrakila, wörtlich: Vajra-Nagel) zwingt Dämonen in die Unterwerfung unter Buddhas Herrschaft. So können ihre Kräfte für die Verbreitung der buddhistischen Lehre nutzbar gemacht werden.

Derart geistige Beherrschung kann auch als Symbol für *Erkenntnis* und *Begierdelosigkeit* gedeutet werden.

Das Hackmesser

Der Griff des geschwungenen Messers ist meist golden. Vajra-Kopf und Makara-Maul (s. S. 37) sollten detailliert und gut zu erkennen sein. Die Klinge ist eisenblau.

Das Hackmesser mit seiner scharfen Klinge wurde zum Zerteilen von Leichen bei einer »Luftbestattung« verwendet, so dass ihm auch immer der Bedeutungsaspekt *Tod* anhaftet.

Das Hackmesser erschreckt und besiegt Dämonen, seine Klinge durchtrennt den Schleier der *Unwissenheit*. So ist es ein Symbol für *Weisheit* und die *Loslösung* von Bindungen.

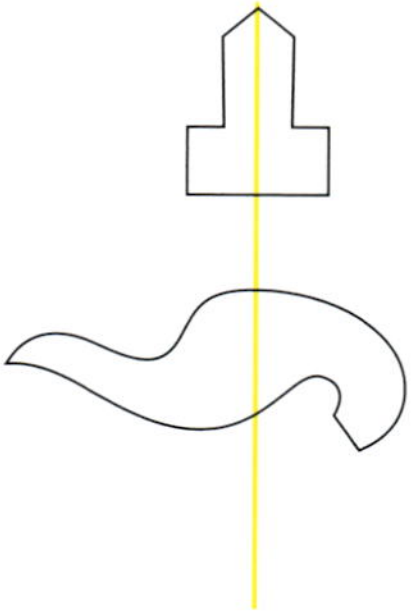

Die wunderbare Medizin

Die Medizin kann weißlich-gelb oder in den Farben des Regenbogens koloriert sein. Das Gefäß ist entweder vollständig oder zumindest an den Rändern golden.

Die Wundermedizin wird der Überlieferung nach durch das Zermahlen von Edelsteinen oder ähnlich rätselhaften Zutaten wie den Gallensteinen bestimmter Tiere gewonnen. Außer ihren magischen Heilkräften bietet sie auch *Schutz* vor Vergiftung.

Selbstverständlich ist die wunderbare Medizin ein Symbol für *Gesundheit* und *Heilung*.

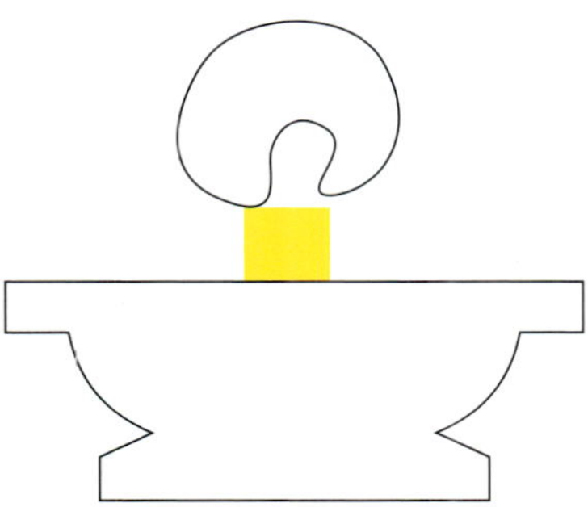

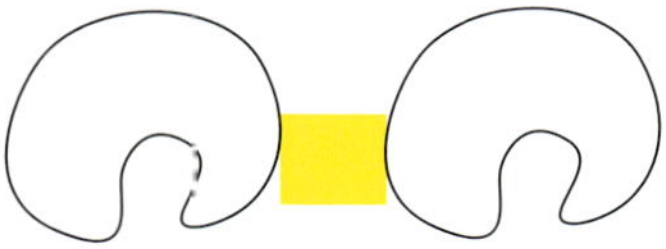

Die Myrobalane

In der Natur tragen die verschiedenen Myrobalanebäume Früchte in den Farben von Pflaumenrot bis Kastaniengrün.

Mit ihren vielen Heilstoffen gilt die Myrobalane als die Königin der Arzneipflanzen und ist ein Attribut des Medizinbuddhas. Ihr wird die Wirkung nachgesagt, bei zahlreichen Krankheiten, von Verstopfung bis Fieber, zu helfen.

Wie die wundersame Medizin ist die Myrobalane ein Symbol für *Gesundheit* und *Heilung*.

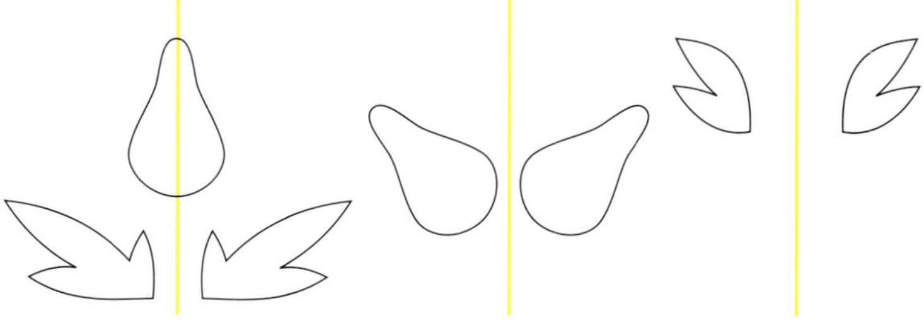

Die Kornähren

Ähren sind am besten natürlich zu kolorieren (Grün, Gelb- und Ockertöne), da sie mit ihrer schlichten Form sonst zu abstrakt wirken und nicht mehr zu erkennen sind.

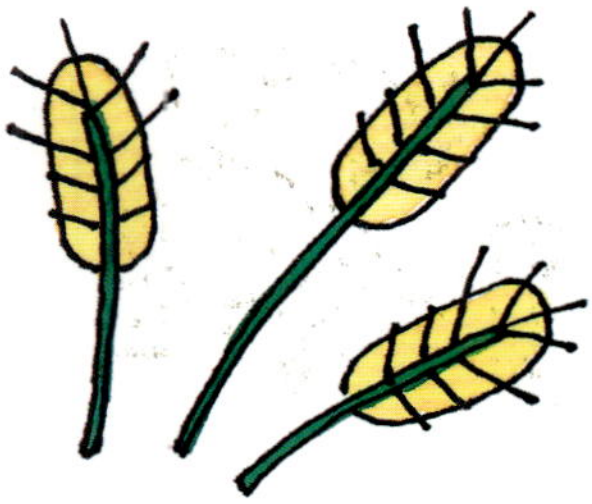

Die Kornähren (die Ähren von Weizen, Reis oder Hirse) sind Symbole einer reichen Ernte, die wohlschmeckt und sättigt.

Im übertragenen Sinn steht die Ähre für *Wohlstand*, *Fruchtbarkeit* und eine gute *Ernährung*.

In der christlichen Kunst sind Kornähren ein Hinweis auf die Eucharistie.

Die Zitrone

Zitronen werden in natürlichem Gelb koloriert, eine orangefarbene oder grüne Spitze bringt mehr Plastizität.

Mit ihrer Vielzahl an Samen ist die Zitrone ein Symbol der *Fruchtbarkeit*. Aus dem gleichen Grund steht sie für *Wohlstand*, so kann sie eines der Attribute des Reichtumsgottes Kubera sein.

Wie alle Früchte kann auch die Zitrone den Platz des Speiseopfers (s. S. 52) einnehmen.

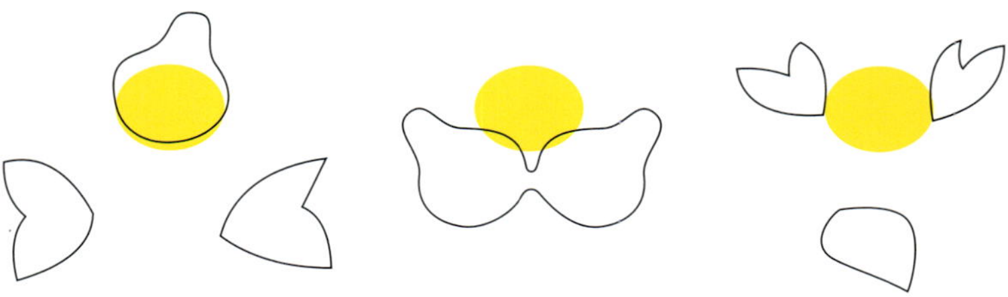

Register